todo lo que necesito
existe ya en mí

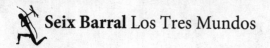
Seix Barral Los Tres Mundos

rupi kaur
todo lo que necesito existe ya en mí

Traducción del inglés por
Elvira Sastre

Obra editada en colaboración con Editorial Planeta – España

Título original: *home body*

© 2020, rupi kaur
Publicado de acuerdo con The Cooke Agency International, CookeMcDermid
Agency e International Editors' Co. La primera edición del libro se publicó
en inglés por Andrews McMeel Publishing y Simon & Schuster

© 2021, Traducción: Elvira Sastre

© 2021, Editorial Planeta S.A. – Barcelona, España

Derechos reservados

© 2021, Editorial Planeta Mexicana, S.A. de C.V.
Bajo el sello editorial SEIX BARRAL M.R.
Avenida Presidente Masarik núm. 111,
Piso 2, Polanco V Sección, Miguel Hidalgo
C.P. 11560, Ciudad de México
www.planetadelibros.com.mx

Primera edición impresa en España: febrero de 2021
ISBN: 978-84-322-3772-0

Primera edición impresa en México: junio de 2021
Décima reimpresión en México: julio de 2023
ISBN: 978-607-07-7719-6

Impreso en los talleres de Litográfica Ingramex, S.A. de C.V.
Centeno núm. 162-1, colonia Granjas Esmeralda, Ciudad de México
Impreso en México –*Printed in Mexico*

tras haber estado desconectados durante mucho tiempo
mi cuerpo y mi mente por fin
se han vuelto a unir

– mi cuerpo, mi casa

mente

estoy en la habitación más oscura de mi vida

puede que saliera del útero con ella
es posible nacer
con un alma melancólica
puede que me conociera en el aeropuerto
se colara en mi pasaporte
y se quedara conmigo
mucho después de haber aterrizado en
un país que no nos quería
puede que estuviera en el rostro de mi padre
cuando nos encontramos en la zona de recogida
    de equipaje
y yo no tenía ni idea de quién era
puede que el violador me la dejara
o fue ese criminal al que llamé novio
puede que me lo enseñara a golpes
puede que conociera al indicado
y lo perdiera
puede que fuera el regalo de despedida
del amor de mi vida
o puede
que fuera todas esas cosas a la vez

– de dónde vino la depresión

por qué dejo que mi mente
se meta bajo mi piel
soy tan sensible

mi mente sigue huyendo hacia rincones oscuros
y vuelve con motivos
de por qué no soy suficiente

el sexo es la manera que tiene la gente
de desbordarse el uno en el otro
y de desprenderse
una hermosa y lasciva expresión terrenal
pero para mí
el sexo fue mi infancia
lanzada hacia la muerte
él dijo
que íbamos a jugar
y entonces siempre cerraba la puerta
siempre elegía el juego
cuando le dije que parase
respondió que yo se lo estaba pidiendo
pero qué sabía yo
de los orgasmos involuntarios
y de la voluntad
y del consentimiento
a los siete. ocho. nueve. y diez años

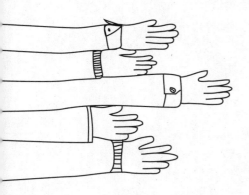

me callaré cuando
podamos decir *agresión sexual*
y ellos
dejen de gritar *mentirosa*

la depresión es silenciosa
nunca la oyes llegar
y de repente es
la voz más fuerte en tu cabeza

mi mente
mi cuerpo
y yo
vivimos juntos en el mismo lugar
pero parece que somos
tres personas completamente diferentes

– *desconectados*

mientras todos los demás
vivían su vida en color
la depresión me paralizaba

nada dura para siempre
deja que sea ésta la razón por la que te quedas
esta enfermiza y retorcida tristeza
tampoco durará

– esperanza

no conozco nada más
silenciosamente ruidoso que la ansiedad

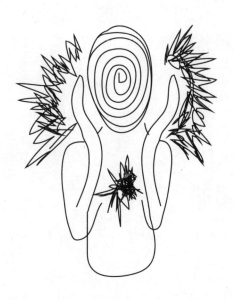

si pudieras aceptar
que la perfección es imposible
con qué dejarías de obsesionarte

eres solitaria
pero no estás sola

– es diferente

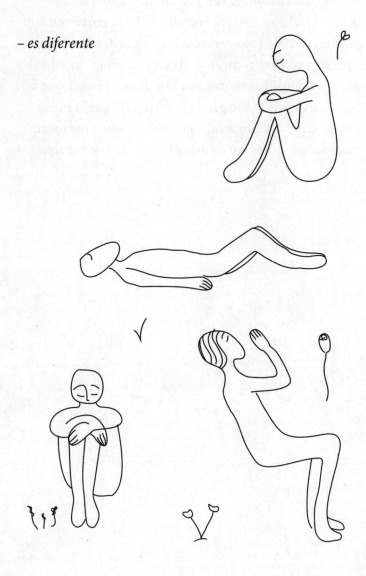

es como si estuviera viendo pasar mi vida en la pantalla borrosa de un televisor. me siento muy lejos de este mundo. casi extranjera en este cuerpo. como si cada recuerdo feliz se hubiera borrado de los recovecos de mi mente. cierro los ojos y no consigo recordar qué es ser feliz. mi pecho se contrae contra mi estómago al saber que tengo que levantarme por la mañana y fingir que no estoy volviendo a desaparecer. quiero alargar la mano y tocar cosas. quiero sentir que ellas también me tocan. quiero vivir. quiero que vuelva la vitalidad de mi vida.

el abuso no sólo ocurre
en las relaciones amorosas
el abuso puede darse también
en las relaciones de amistad

salí del escenario
al terminar el espectáculo
y recé para que el desconsuelo
dejara de comerme viva
estaba enferma
y fingí no estarlo
al menos actuar me hacía moverme
volver a casa a un
apartamento vacío era peor
sin trabajo no tenía nada por lo que seguir
me habría sumido en una depresión durante meses
la mitad desmayada por el dolor
los ojos abiertos
la mente perdida en otra dimensión
escribe el libro dijeron
vuelve a la carretera
qué te está llevando tanto tiempo

– *vacía*

quiero vivir
es sólo que me da miedo
no cumplir con la idea que tiene
la gente de mí en la cabeza
me da miedo hacerme mayor
me asusta no volver a escribir nada
que merezca la pena leer
y decepcionar a la gente
que cuenta conmigo
no aprender de nuevo cómo ser feliz
que me vuelva a romper un día
que mis padres mueran
y al final me quede sola

que abusaran de mí cuando era niña ha sido la experiencia más confusa de mi vida. conocer el sexo sin tener ningún concepto previo me ha roto en más pedazos de los que soy consciente. sentir un orgasmo tan pequeña. que mi vida estuviera amenazada. sentirme presionada. golpeada. mordida. escupida. convertirme en mujer a los cuatro años. saber en lo más íntimo qué es el miedo. notar su aliento en la nuca. estar paralizada. rígida. callada. y sentir toda la vergüenza del mundo al mismo tiempo.

la necesidad de sobrevivir
encendió un fuego dentro de mí

quiero que me griten
que me rompan
que me claven
quiero abrirme donde estoy cerrada
encontrar la puerta secreta
salirme de mí
quiero algo que me
agarre por el cuello
me parta en dos
y me haga sentir viva de nuevo

– *no quiero volver a estar paralizada*

estoy confiando en la incertidumbre
y creyendo que terminaré
en algún sitio
justo y bueno

no hay nada malo en ti
es el crecimiento
es la transformación
protegerte a ti misma
perderte en el ruido
descubrirlo
sentirte usada
descuidada
perder la esperanza
arder
eso es el miedo
eso es el proceso
eso es la supervivencia
eso es estar viva

– viaje

lo pierdes todo
cuando no te quieres a ti misma

– y lo ganas todo cuando lo haces

no soy mis peores días
no soy lo que me ocurrió

– recordatorio

tengo lagunas
de algunos de los años que he vivido
mi terapeuta dice que nuestras mentes borran los traumas
para ayudarnos a seguir adelante
pero cada experiencia que he tenido
está marcada a fuego en mi piel
aunque mi mente se olvide
mi cuerpo recuerda
mi cuerpo es el mapa de mi vida
mi cuerpo lleva puesto todo lo que ha vivido
mi cuerpo envía señales cuando
cree que el peligro acecha
y de repente
los pequeños demonios hambrientos de mi pasado
salen con furia de mi carne
y gritan
no nos olvides
ni se te ocurra
abandonarnos de nuevo

o idealizo el pasado
o me preocupo por el futuro
no es de extrañar
que no me sienta viva
no estoy viviendo
el único momento que es real

– *presente*

la ansiedad es sentir que estoy colgada
del borde de un edificio
y que mi mano se va a
soltar en cualquier momento

cómo puedo ser tan
cruel conmigo misma
cuando estoy haciéndolo lo mejor que puedo

– *sé amable*

lista de cosas para mejorar tu estado de ánimo:

1. lloralo. camínalo. escríbelo. grítalo. sácalo bailando de tu cuerpo.
2. si después de todo eso
   todavía estás en una
   espiral sin control
   pregúntate si hundirte en el barro merece la pena
3. la respuesta es no
4. la respuesta es respira
5. tómate un té y siente cómo tu sistema nervioso se calma
6. eres la heroína de tu vida
7. este sentimiento no tiene poder sobre ti
8. el universo te ha preparado para que puedas hacerte cargo
9. no importa lo oscuro que se ponga
   la luz siempre viene de camino
10. tú eres la luz
11. regresa al lugar en el que vive el amor

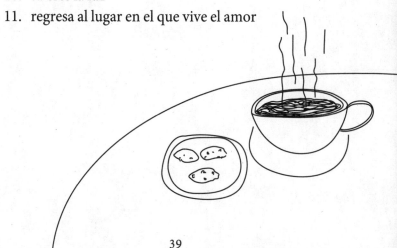

la depresión
no me ha roto
no soy una versión inferior de mí misma
por la ansiedad
soy una persona entera
completa
y complicada

– *llena*

es amándome como salgo de la oscuridad

estoy respirando verdad
eso debe de ser una señal de
que el universo está de mi parte
si he llegado hasta aquí
puedo llegar hasta el final

imagina lo que podríamos conseguir si
no tuviéramos que gastar nuestra energía
protegiéndonos a nosotras mismas de la
problemática de una sociedad violadora

la mayor parte de mi vida ha pasado
mientras las dos nos tocábamos
piel con piel
nuestras noches juntas
y a veces nuestros días
me llevabas cuando mis piernas no podían
cuando estaba tan enferma que no era capaz de moverme
ni una sola vez te cansaste de mi peso
ni una sola vez te quejaste
has sido testigo de todos mis sueños
de mi sexo
de mi escritura
de mis lágrimas
has estado en
cada acto vulnerable de mi vida
las dos muriéndonos de risa
y cuando he sido tonta por confiar en un tonto
he hecho el amor encima de ti
me he ido durante días sólo
para volver con las manos vacías
siempre me has llevado de vuelta
cuando el sueño me abandonaba
pasábamos la noche en vela
eres el abrazo de mi vida
mi confesionario
mi altar
pasé de ser una niña a ser una mujer encima de ti
y al final
serás tú —vieja amiga
quien me lleve a la muerte para descansar

– *no hay lugar más íntimo que una cama*

no la perdiste
la felicidad siempre ha estado aquí

– sólo perdiste la perspectiva

aquello a lo que hemos sobrevivido
vive dentro de nosotros

no soy una víctima de mi vida
todo aquello por lo que he pasado
me ha convertido en una guerrera
y ser ella es mi mayor honor

por el amor de mi vida
estoy dando todo lo que tengo para tener esperanza
seguiré agradeciendo cada mañana
con un *sí podré*
cuando sienta que no puedo
sí podré
sí podré
sí podré
llegará el día en que me derrita
sí podré moverme y la tristeza *sí podrá* caerse
de mis hombros
para hacerle sitio a la alegría
sí podré estar llena de color
sí podré tocar de nuevo el cielo

quiero un desfile
quiero música
quiero confeti
quiero una banda de música
para los que sobrevivimos en silencio
quiero una ovación en pie
para cada persona que
se levanta y camina hacia el sol
cuando hay una sombra
que tira de ella hacia dentro

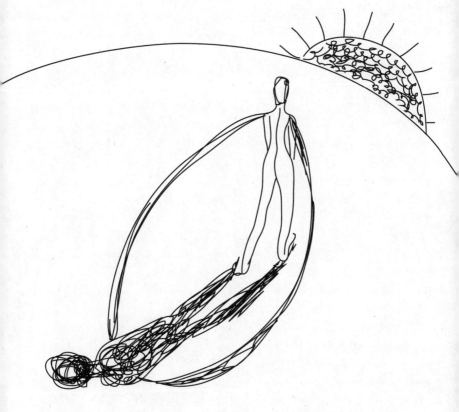

nuestro dolor es la puerta a nuestra alegría

me cansa sentirme decepcionada
en la casa que me mantiene viva
me agota la energía que supone
odiarme a mí misma

– estoy abandonando el odio

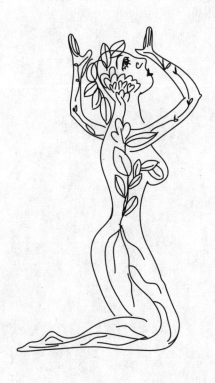

corazón

a veces
te quiero significa
quiero quererte

a veces
te quiero significa
voy a quedarme un poquito más

a veces
te quiero significa
no sé bien cómo irme

a veces
te quiero significa
no tengo ningún otro sitio al que ir

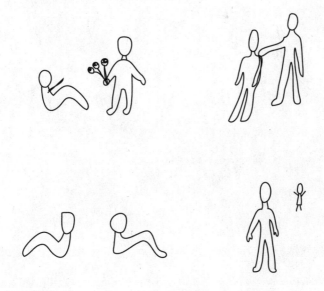

me cuesta distinguir entre
las relaciones tóxicas
y las relaciones sanas
no sé la diferencia
entre el amor y la violencia

– todo parece lo mismo

traté de convertirlo en el amor de mi vida
y me llevó tres años darme cuenta
de que el amor no funciona así

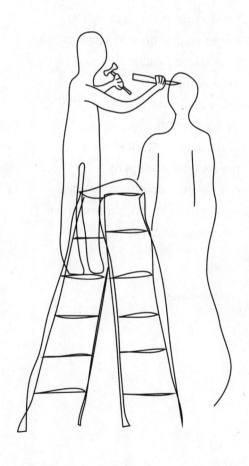

los hombres como él son expertos
en oler a las chicas como yo
las invisibles
que creen que son feas
porque sus padres no las querían
él dijo mi nombre
y yo nunca había oído mi nombre
bailar así en los labios de un hombre
préstale un poco de atención
a alguien que nunca la ha recibido
y resbalará y caerá
de cualquier forma
incapaz de contener la alegría
de ser deseada
el alivio de ser descubierta
me preparó para pensar
que no podría sobrevivir sin él
así es como los hombres como él
atrapan a las chicas como yo

– *depredador*

no me preguntes por qué no me fui
hizo mi mundo tan pequeño
que no lograba ver la salida

– *me sorprende incluso haber logrado escapar*

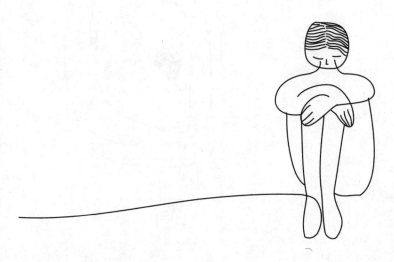

si alguien no tiene corazón
no puedes ir por ahí
ofreciéndole el tuyo

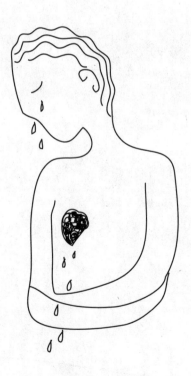

todas las veces que te mostré un pedazo de cielo
fueron una advertencia
cada paseo que dimos
por el jardín de mi vida
todas las flores que se abrieron para ti
los pavos reales que cantaron tu nombre
fueron una advertencia
sin embargo
después de ver toda mi magia
te golpeaste en la cabeza y enloqueciste
te fuiste y te dispersaste por esta ciudad
pensando que si habías tenido la suerte de probarme a mí
podrías obtener algo mejor
todo es aburrido en comparación
ahora has vuelto
tu cuerpo se derrama por el suelo
pidiéndome que
te apriete con los muslos
que te empuje hacia mis caderas
que mi coño te lleve más allá del cielo
te tuve en el mejor viaje de tu vida
te tuve viendo visiones
todas las veces que te mostré un pedazo de cielo
cada paseo que dimos por el jardín de mi vida
todas las flores que se abrieron para ti
los pavos reales que cantaron tu nombre
fueron una advertencia de todo lo que perderías
si me traicionabas

– *consecuencias*

si estás esperando
que te hagan sentir que eres suficiente
vas a esperar mucho tiempo

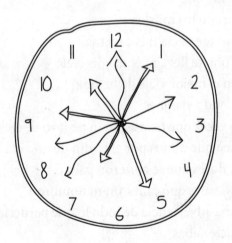

me voy
porque no soy feliz aquí
no quiero llegar al final de mi vida
teniendo dudas sobre
el hombre con el que he estado
desde los veinte años

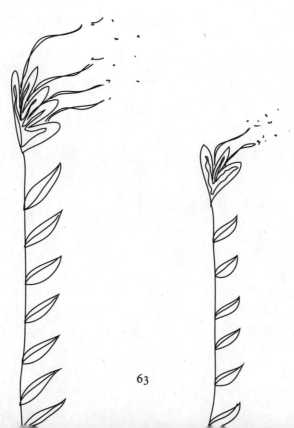

por qué todo
parece menos hermoso
cuando nos pertenece

hasta que mantuve una relación sana
no me di cuenta de que no debería tener miedo
de la persona a la que quiero

solía llorar
porque no era capaz de encontrar
a un hombre bueno que me quisiera
ahora que lo tengo
no es suficiente
los otros estaban siempre
saliendo por la puerta

– eso es lo que los hacía atractivos

por qué hago daño a
los que quieren levantarme y
adoro a los que me machacan

– qué me ha hecho ser así

no sé qué se hace con un hombre
que quiere aferrarse a mí
durante el resto de nuestras vidas

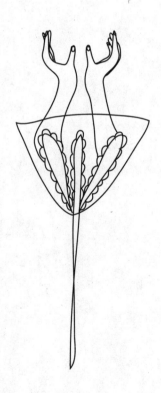

me da miedo no encontrar a alguien que me vea
y venga corriendo a respirarme
me preocupa parecer demasiado desesperada
me asusta que me engañen con
una mujer más brillante
más despampanante
más que yo en todos los sentidos
me aterra que eso confirme lo que ya sé
que no soy suficiente para que alguien se quede
dónde está la cerilla que me prenderá fuego
y si ya me he cruzado con esa persona
en la esquina de una calle
y si ya he estado con ella
y lo he echado a perder
quién va a quererme tanto como para
gastar su energía acercándose a
alguien tan contradictoria
y si la persona que quiero
es alguien que me toca y se va
y la persona que no se va
es alguien que no soporto que me toque
será siempre un mal momento
estaré alguna vez segura
me arreglaré
me quedaré sola para siempre

se supone que tu pareja
debe enriquecer tu vida
no secarla
quedarse cuando duele no es amor

estoy demasiado enamorada de mi vida
como para desperdiciarla
con el próximo hombre
que me haga sentir mariposas
cuando podría mirarme en el espejo
y dejarme sin aliento a mí misma

el amor de la familia
de los amigos y de la comunidad
es tan fuerte
como el amor
de una relación amorosa

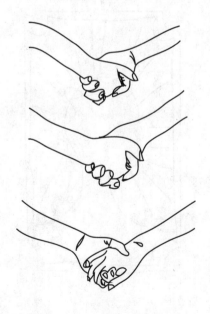

nada puede reemplazar
cómo me hacen sentir
las mujeres de mi vida

es imposible
que una sola persona
te complete
de todas las maneras
que necesitas
tu pareja
no puede ser tu todo

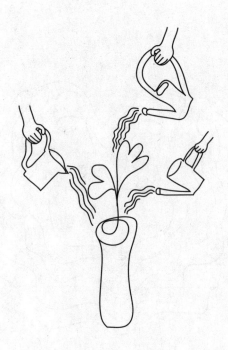

puedo vivir sin amor romántico
pero no puedo sobrevivir sin
las mujeres a las que llamo amigas
ellas saben exactamente lo que necesito
antes de que yo lo sepa
la manera en la que estamos ahí
las unas para las otras es simplemente distinta

un hombre no puede darme nada
que no pueda darme yo misma

– cosas que me habría gustado decirme cuando era más joven

la masturbación
es meditación

en un mundo que no considera
que mi cuerpo sea mío
el placer propio es un acto
de supervivencia
cuando siento que estoy desconectada
me conecto con mi centro
toque a toque
vuelvo a ser yo
cuando llego al orgasmo

no voy a fingir
ser menos inteligente de lo que soy
para que un hombre pueda sentirse
más cómodo a mi lado
la persona que merezco
verá mi grandeza y
querrá hacerla aún más grande

quiero que borres
todo lo que conoces sobre el amor
y empieces con una palabra
amabilidad
dásela
deja que te la den
sed dos pilares
iguales en vuestro amor
y llevaréis imperios a vuestras espaldas

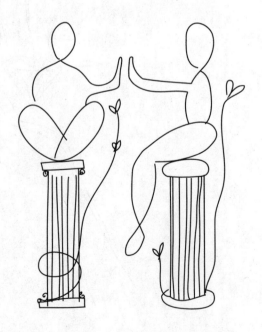

coloco mis piernas sagradas
alrededor de su gran cabeza
y dejo que su lengua nade
hacia la salvación

– *bautismo*

quiero a alguien a quien
le inspire mi brillo
y no se sienta amenazado por él

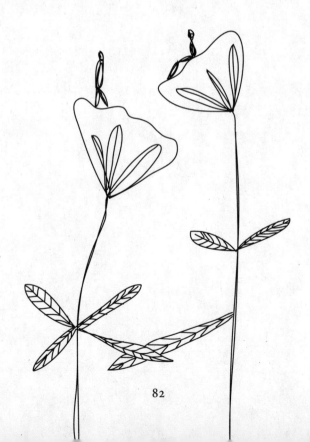

mírame a los ojos
cuando estés ahí abajo
comiéndome como si te fuera la vida en ello

– *quiero que veas lo que me haces*

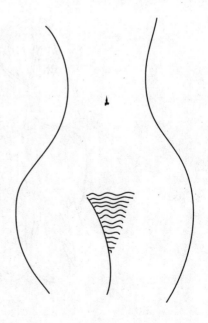

tengo cuidado con
quién gasto mi energía

– *sé lo que valgo*

mi cuerpo arde al desearte
me derramo en el momento en que nos quitamos la ropa
quiero ese tipo de amor que
me lleva
a otros reinos
te deseo tanto
entramos en un mundo espiritual
pasamos de ser tiernos a ser duros
quiero que nos miremos a los ojos
que mis piernas alcancen
los extremos de la habitación
y mirar con tus dedos
quiero que la punta de tu alma
toque la mía
quiero que
de esta habitación
salgamos otros

– puedes hacerlo

reposo

hay años en mí
que no han dormido

evalúo mi propia valía
por lo productiva que he sido
pero da igual
lo que trabaje
sigo sintiéndome insuficiente

– *culpabilidad productiva*

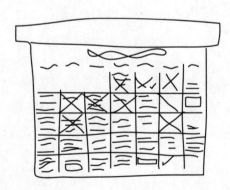

me da miedo que
mis mejores años ya hayan pasado
y nada de lo que venga en adelante sume

ansiedad

productiva

tengo esta ansiedad productiva
porque siento que todos trabajan más duro que yo
y que me voy a quedar atrás
porque no trabajo lo suficientemente rápido
ni las horas suficientes
y estoy perdiendo el tiempo

no me siento para desayunar
lo pido para llevar
llamo a mi madre cuando estoy libre —si no
me lleva mucho tiempo tener una conversación

pospongo todo lo que
no me acerca más a mis sueños
como si las cosas que pospongo
no fueran mis sueños

acaso no es mi sueño
tener una madre a la que llamar
y una mesa donde desayunar

en vez de eso me pierdo en la enfermiza necesidad
de optimizar cada hora de mi día
para así mejorar de alguna manera
ganar dinero de alguna manera
avanzar en mi carrera de alguna manera
porque eso es lo que supone
tener éxito
verdad

excavo mi vida
la empaqueto
se la vendo al mundo
y cuando me piden más
escarbo en los huesos
intentando escribir poemas

el capitalismo se metió en mi cabeza
y me hizo creer que mi único valor
era cuánto producía
para que la gente lo consumiera
el capitalismo se metió en mi cabeza
y me hizo creer
que sólo valgo
si trabajo

de aquello aprendí la impaciencia
de aquello aprendí la inseguridad
aprendí a plantar semillas en la tierra
y a esperar flores al día siguiente

pero la magia
no funciona así
la magia no ocurre
porque yo haya descubierto cómo
hacer más cosas en un día
la magia se mueve
por las leyes de la naturaleza
y la naturaleza tiene sus tiempos
la magia se da
cuando jugamos
cuando escapamos
soñamos despiertos e imaginamos
ahí es donde todo
lo que tiene el poder de llenarnos
nos espera de rodillas

– *ansiedad productiva*

podemos trabajar
a nuestro propio ritmo
y aun así
tener éxito

una vida

en la carretera

cuando era pequeña
mi padre trabajaba seis días a la semana
conduciendo un camión de dieciocho ruedas
de un lado al otro del continente

volvía a casa
después de una semana en la carretera
mientras mis hermanos y yo dormíamos
el sonido de la puerta de entrada siempre me despertaba
el sótano en el que vivíamos era pequeño
podía oír a mamá en la cocina
preparándole un dal y roti recién hecho

papá se lo comía
se duchaba
se metía en la cama
pero nada más cerrar los ojos

su jefe lo llamaba y le decía
vuelve a la carretera
y así tan fácil
veíamos cómo la sombra de papá se marchaba

cuando eres un inmigrante
agachas la cabeza y te quedas trabajando
cuando eres un refugiado y
no tienes papeles
cuando te llaman ilegal
intruso
terrorista
cabeza de turbante
trabajas hasta deslomarte
tú eres el único con el que puedes contar

cada vez que empezaba en una nueva empresa
pasaba meses trabajando gratis
durante el periodo de «formación» obligatorio
es gracioso que necesitaran formar a un hombre
que estaba licenciado
cualificado
y tenía experiencia

después de pasar tres meses sin
llevar un centavo a casa
papá les pidió remuneración
y ellos le ofrecieron
cinco centavos por cada kilómetro recorrido

hace años mientras llevaba una carga
de montreal a florida
terminó en el hospital
en algún lugar en el centro de américa
con el apéndice a punto
de reventar

cuando la médica le dijo
que tenían que operarlo inmediatamente
él la miró y le dijo
no me lo puedo permitir
puedo esperar hasta que vuelva a casa en canadá

cuándo vuelves a casa le preguntó la médica

dentro de tres días respondió
y ella lo miró como si
estuviera loco

por suerte
no estaba en sus planes
dejar que arriesgara su vida
lo operó gratis esa noche
y quieres saber qué hizo mi padre
en cuanto le pusieron los puntos
salió del hospital
se subió al camión
hizo la entrega
y pasó tres días conduciendo de vuelta a casa

por qué te obligaste a ti mismo a pasar por eso le pregunto
se encoge de hombros y me dice

mi jefe no me habría pagado un vuelo de vuelta a casa
dónde habría dejado mi camión
no podría haber conducido de vuelta con un camión lleno
de piezas de automóviles
y arriesgarme a perder el trabajo

escuchándole
lo único que pienso es que
nadie debería deslomarse así
me parte el alma oír
a gente que trabaja duro
por mucho menos de lo que merece
cómo podemos dormir por la noche
sabiendo que los sistemas que defendemos
tratan a los cimientos de nuestra sociedad
como ciudadanos de segunda
cuando son el motivo por el cual
las ruedas de este mundo siguen girando

quiero ofrecerle a mi padre
una vida llena de paz
por la vida que pasó
en la carretera para darnos de comer
quiero que conozca
la comodidad
quiero que vea
que ya ha hecho suficiente

– *una vida en la carretera*

cuando los niños en el colegio me preguntaban
dónde trabajaba mi mamá
yo les mentía y les decía *en la fábrica*
como el resto de las mamás
me daba demasiada vergüenza admitir
que no tenía un trabajo «de verdad»
aunque «mamá que se queda en casa» significase
que era una cuidadora a tiempo completo
conductora
cocinera
secretaria
tutora
limpiadora
mejor amiga
de cuatro niños y
la definición de trabajo «de verdad» que tiene el mundo
no se acerca siquiera a cubrir todo eso

– *valía*

siempre estábamos en modo supervivencia
aunque pasara el tiempo y no lo necesitáramos

– *hábito*

estoy atrapada
en un proceso constante
en el que huyo para construir mi vida
y vuelvo porque
me siento culpable por no
pasar el tiempo suficiente con ellos

– culpa parental

creía que mi cuerpo inmigrante de piel marrón
debía trabajar siempre más duro
que cualquier otro
porque eso era lo que me hacía valiosa

nuestros mayores no son de usar y tirar

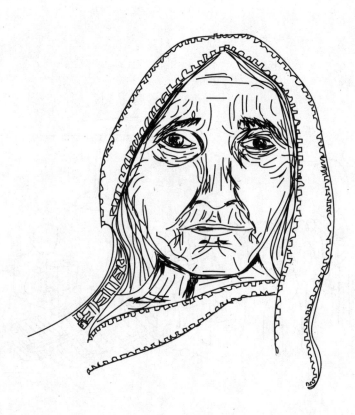

la tierra estiró sus extremidades
y dijo *pon los pies en alto*
los árboles dijeron *te daremos la vida*
el aire dijo *respírame*
el planeta dijo
cuida de lo que te cuida
y nosotros les dimos a todos la espalda

– *traición*

hemos llevado a la ruina
nuestro único hogar por
interés y beneficio
ninguna de esas cosas nos va a servir
cuando la tierra
no pueda respirar

ser los más chillones del parque de recreo de la tierra
no nos hace más importantes que
la basura que pisoteamos
no somos nada más que aire
y fuego y agua y barro
somos personas
que olvidamos de qué estamos hechas
personas que hablan sobre el tiempo
como si fuera algo mundano y no mágico
como si los océanos
no fueran agua sagrada
como si el cielo
no fuera una alucinación
como si los animales
no fueran nuestros hermanos
como si la naturaleza no fuera dios
y la lluvia no fueran las lágrimas de dios
y nosotros no fuéramos los hijos de dios
como si dios no fuera la misma tierra

estaba intentando encajar en un sistema
que me dejaba vacía

– *capitalismo*

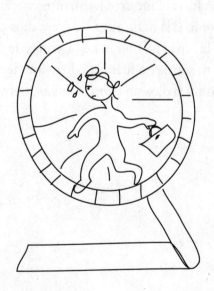

pensaba que podía
cumplir con mi propósito
de ser feliz
pero nada ahí fuera
me completa de la manera
que me habían prometido

la felicidad envejeció
esperándome
y yo envejecí
buscando la felicidad
en los lugares donde no habitaba

nuestras almas
no se quedarán tranquilas
por lo que logremos
por cómo nos veamos
o por todo el trabajo duro que hagamos
aunque consigamos
ganar todo el dinero del mundo
siempre nos sentiremos vacíos por algo
nuestras almas anhelan la comunidad
lo más profundo de nuestro interior ansía al otro
necesitamos estar conectados
para sentirnos vivos

me pierdo tanto
en los sitios a los que quiero ir
que olvido que el sitio en el que estoy
es ya muy mágico

echo de menos esos días en los que mis amigos
conocían cada detalle mundano de mi vida
y yo conocía cada detalle corriente de la suya
la edad adulta me ha quitado esa constancia
ese *nosotros*
los paseos por el barrio
las conversaciones eternas en las que nos
perdíamos y no nos dábamos cuenta de la hora que era
cuando ganábamos y lo celebrábamos
cuando fallábamos y lo celebrábamos más aún
cuando éramos *sólo niños*
ahora cada uno tiene un trabajo importante
que ocupa nuestras agendas apretadas
cotejamos las agendas para planear un café
que alguno de nosotros terminará cancelando
porque la edad adulta significa estar demasiado cansados
como para salir de casa la mayor parte de los días
echo de menos saber que una vez pertenecí
a un grupo de personas más grandes que yo misma
que hacían mi vida mucho más fácil

– nostalgia de la amistad

ya tenemos cosas que pueden completarnos
es sólo que no son cosas
son personas
y risas y conexión

– irremplazable

puede que hayas hecho
todo el trabajo externo
pero tu mente se muere
por atención interna

– *escucha*

estoy deshaciéndome del todo del concepto de
autoayuda de los anuncios publicitarios
estoy harta de comprar productos y servicios
que no me hacen sentir mejor

– *promesas vacías*

no me importa la perfección
prefiero moverme por el
desorden de la vida

pensamos que estamos perdidos
mientras nuestras partes más
completas y ubicadas
están en algún lugar del futuro
nos postramos de pies y manos
pensando que la superación personal
nos ayudará a llegar a ellas
pero esta basura de encontrarse a uno mismo
no va a terminar nunca
estoy cansada de posponer la vida hasta
tener más información sobre quién soy
soy una persona nueva cada mes
voy y vuelvo constantemente
sólo para irme de nuevo
nuestras partes más completas no están en el futuro
están justo aquí
en el único momento que existe
no necesito que me arreglen
me pasaré toda la vida buscando respuestas
no porque sea una mitad incompleta
sino porque soy lo suficientemente brillante como para
    seguir creciendo
todo lo que necesito para vivir una vida intensa
existe ya en mí

– *estoy completa simplemente porque soy imperfecta*

la productividad no es cuánto
trabajo al día
sino cómo compagino
lo que necesito para cuidarme

– ser productiva significa saber cuándo descansar

debo rendir homenaje a mi mente y a mi cuerpo
si quiero seguir en este viaje

– vida

nadie está cualificado para decidir lo que vales
tú te levantas y vives tu vida cada día
tu opinión sobre ti
es la única que importa

pequeña poeta
parece que cuantas más palabras escribes
más piensas
que eres tú quien las escribe
por qué piensas que tienes el control
acaso no se te desbordaron
las palabras la primera vez
se derramaron sin permiso
y ahora intentas
hacer que trabajen para ti
pero la magia no sucede así
tu prisa está
ahogando las obras maestras
que se cocinan dentro de ti
tu trabajo es
estar presente en el proceso
ser paciente y cuando llegue la hora
el universo volverá a usarte

– inspiración

si lo intentaste
y no llegaste
al sitio al que querías ir
también avanzaste

tranquilízate le supliqué a mi cabeza
estás dándole demasiadas vueltas
y eso nos roba la alegría

no todo lo que haces debe
ser una autosuperación
no eres una máquina
eres una persona
que no descansa
tu trabajo nunca estará completo
si no juegas
tu mente nunca se alimentará

– *equilibrio*

cuando jugamos huimos del tiempo

si quieres ser creativo
necesitas aprender cómo
hacer cosas sin un propósito
el arte no se construye
trabajando todo el tiempo
primero tienes que
salir fuera y vivir

– el arte llegará

sal de tu propio camino
sal de tu propio camino
sal de tu propio camino

estoy harta de intentar
demostrarme a mí misma
lo que valgo

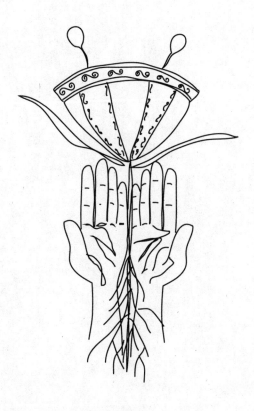

me sentí más segura de mí misma
cuando decidí que divertirse
era mucho más importante que
el miedo a hacer el ridículo

– *bailar en público*

hemos trabajado tanto
para llegar aquí
que podemos permitirnos
relajarnos y disfrutar de las vistas

despertar

estoy despertando
de la noche más larga de mi vida
han pasado años desde la última vez que vi el sol

– *despertar*

no puedes silenciar a una mujer que nació amordazada

caí desde la boca de las piernas de mi madre
hasta las manos de este mundo
con la misma diosa rugiendo dentro de mí

– *nacimiento*

he pagado con sangre estar aquí. lo he pagado con una infancia plagada de monstruos más grandes que tú. me han golpeado para que me callara más veces de las que me han abrazado en esta tierra. tú no has visto lo que yo he visto. mi punto más bajo estaba tan bajo que estoy bastante segura de que llegaba al infierno. pasé una década escapándome de ahí. mis manos se llenaron de ampollas. mis pies se hincharon. mi mente dijo *no puedo soportarlo más.* le dije a mi mente *ya puedes recomponerte. hemos venido aquí a disfrutar. y vamos a hacerlo en condiciones.* he sido acosada. asesinada. y he caminado de vuelta a la tierra. he roto el cuello de todas las bestias que he podido. y tú quieres quitarme el sitio. el que construí con la historia de mi vida. cariño. no encajarás. hago malabares con los payasos como tú. me limpio los dientes con los tontos como tú por pura diversión. he jugado y dormido y bailado con demonios más grandes.

en esos días en los que no puedes oírte
ve más despacio
deja que tu mente y tu cuerpo
se encuentren

– *quietud*

qué alivio
descubrir que
el dolor que pensaba
que era sólo mío
es también
el de muchos otros

mi cuerpo se renueva en olas de mar y sangre

tengo una relación muy complicada
con el país en el que nací
nuestros hombres eran
masacrados en plena calle
nuestras mujeres eran violadas
mientras miles de desaparecidos
eran torturados por la policía
el estado indio niega lo que hicieron
pero ni el yoga ni bollywood
pueden hacernos olvidar
el genocidio sij que orquestaron

– *no olvidemos nunca 1984*

nunca dejaré de hablar
sobre la manera en que mi
gente resistió
para que yo pudiera ser libre

nuestras heridas son el motivo
por el que empecé a escribir poesía
cada palabra
que he escrito era para
llevarnos de regreso a nuestros brazos

podrían llevarse
todo lo que tenemos
e invocaríamos de nuevo
esta preciosa existencia
con los huesos de nuestras espaldas
construiríamos un imperio
desde los cimientos
eso es exactamente lo que se nos da bien

la nuestra debe ser
una política de revolución
la libertad no puede existir
hasta que los más desfavorecidos sean libres

no te quedes dormida en
el umbral de tus posibilidades
esperando que las cosas ocurran
cuando tú puedes *ser*
lo que ocurra

eres una sola persona
pero cuando te mueves
una comunidad entera
camina contigo

– no vas a ningún sitio sola

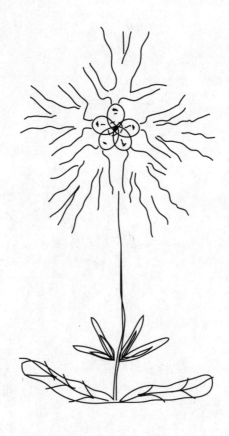

por el hecho de vivir
en un mundo racista
a la gente que no es negra
se la educa para ser antinegra
a todos nos enseñan que
cuanto más claro mejor

– *perdición*

tu voz
es tu soberanía

– *libre*

pareces cansada dice
me vuelvo hacia él y le digo
sí, estoy agotada
llevo décadas luchando contra la misoginia
cómo esperas que esté

nadie en este planeta
vive más en la negación
que el hombre blanco
que al margen de todas
las pruebas que tiene delante
sigue pensando que el racismo y el sexismo
y todo el dolor del mundo no existen

el mundo está cambiando
puedes notarlo
se está desnudando y volviéndose
incómodo
y más justo

– olas

no me interesa
un feminismo que piensa
que poner a las mujeres en lo más alto
de un sistema opresivo es progreso

– no soy tu figura decorativa

el mundo del futuro
con el que soñamos
no puede construirse sobre
las corrupciones del pasado

– *derríbalo*

hoy me vi por primera vez
al limpiar el polvo
del espejo de mi mente
y la mujer que me devolvió la mirada
me dejó sin aliento
quién era esa criatura bestial y hermosa
esa terrícola extracelestial
toqué mi cara y mi reflejo
toqué a la mujer de mis sueños
su preciosa sonrisa de vuelta
mis rodillas se rindieron a la tierra
mientras lloraba y me lamentaba por cómo
había pasado toda mi vida
siendo yo misma
sin verme
pasé décadas viviendo dentro de mi cuerpo
no lo abandoné ni una vez
y aun así conseguí perderme todos sus milagros
no es gracioso cómo puedes
ocupar un espacio sin
estar en contacto con él
cómo me ha llevado tanto tiempo
abrir los ojos de mis ojos
abrazar el corazón de mi corazón
besar las plantas de mis pies hinchados
y oírlos susurrar
gracias
gracias
gracias
por darte cuenta

tienes todas las de ganar
si crees en ti misma
aun así pasas toda la vida dudando de ti

se está manteniendo una conversación
dentro de ti
presta mucha atención
a lo que tu mundo interior
está diciendo

dejé de resistirme a
las emociones desagradables
y acepté que la felicidad
no tiene nada que ver con
sentirse bien todo el tiempo

– *equilibrio*

es fácil querer
las partes buenas de nosotros mismos
pero el verdadero amor propio es
aceptar las partes difíciles
que viven dentro de todos

– *aceptación*

puedes oír a las mujeres que llegaron antes que yo
quinientas mil voces
sonando a través de mi garganta
como si esto fuera un escenario hecho para ellas
no sé qué partes de mí son mías
y cuáles son de ellas
puedes verlas apoderándose de mi espíritu
moviendo mis piernas y mis brazos
para hacer todo
lo que no pudieron hacer
cuando estaban vivas

me adentro en lo más profundo de mi cuerpo
y termino en otro mundo
todo lo que necesito
existe ya en mí
no hay necesidad
de buscarlo en ningún otro sitio

– *casa*

ah pero el coño es valiente
no nos olvidemos
de todo el dolor
que el coño puede sentir
de cuánto placer da
a sí mismo y a los demás
recuerda
cómo te escupió
sin inmutarse
ahora estás aquí
usando la palabra *coño*
como un insulto
cuando tú no eres
lo suficientemente fuerte
como para ser uno

vive al máximo y con orgullo tal y como te mereces
y rechaza su definición de mierda
de cómo debería ser una mujer

las mujeres han estado durante mucho tiempo anhelando
     su lugar
cuando una de nosotras finalmente
consigue saltar al ruedo
nos preocupa que otra mujer
ocupe nuestro lugar
pero el espacio no funciona así
mira todos los hombres en el ruedo haciéndose más fuertes
mientras sus números se multiplican
más mujeres en el ruedo significa
más espacio para que cada una de nosotras crezca

– *más fuertes juntas*

no me interesa un feminismo
que excluye a las mujeres trans

él dice *eres una cabezota*
como si fuera un insulto
tener ideas tan grandes
que no caben en él

– *nunca te quedes callada*

busca a las mujeres en la sala
que tengan menos espacio que tú
escucha
óyelas
y reacciona ante lo que están diciendo

*– da voz a las indígenas. trans. negras. mulatas. mujeres
de voces de colores.*

por qué escapas de ti misma
cuando eres tan preciosa
acércate a tu luz

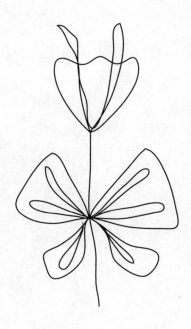

durante esos días en los que no me podía mover
eran mujeres
las que se acercaban a lavarme los pies
hasta que fui capaz
de levantarme
eran mujeres
las que me alimentaban
para devolverme a la vida

– *hermanas*

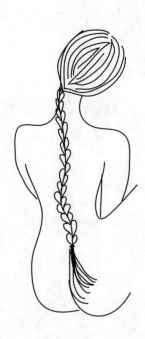

haz el propósito
de amarte a ti misma
con tanta pasión como amas a otras personas

– *compromiso*

no debería afectarle a nadie
lo que hacemos con nuestros cuerpos
mucho menos a esos que no se han puesto
ni por un momento en nuestro lugar

dame líneas de expresión y arrugas
quiero pruebas de todas las bromas que hemos compartido
esculpe las líneas en mi cara como
las raíces de un árbol que se hacen más profundas
cada año que pasa
quiero manchas del sol como regalo de vacaciones
de las playas en las que nos tumbamos
quiero que se vea que nunca
tuve miedo a dejar que el mundo
me llevara de la mano
y me enseñara de qué está hecho
quiero irme de este lugar sabiendo
que hice algo con mi cuerpo
más allá de intentar que pareciera perfecto

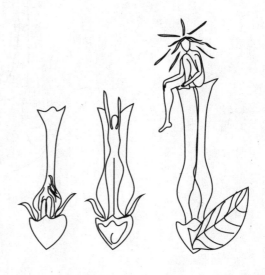

no puedo dejar de mirarme
ahora que me veo
no puedo dejar de pensar en mí
no puedo creerme los trucos
que se han inventado mis manos
los sermones que creé
las montañas que aplasté
con los dedos
y las montañas que construí
con toda la mierda
con la que la gente
intentó lapidarme

– guerrera

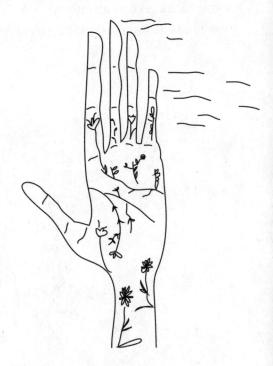

sueño a menudo con la mujer que seré
cuando deje atrás
la inseguridad de mis veinte años
y recoja en el camino confianza en mí misma
me muero por hacer que mis dieciocho
tengan celos del infierno que levanté
rugiendo en mis treinta y cuarenta años
mi alma se hace más
poderosa con la edad
con cincuenta me sentaré
con mis arrugas y mi pelo canoso
y me reiré de las aventuras
que hemos pasado juntas
hablando de todas las
que vengan en las siguientes décadas
qué privilegio es
crecer en la
mejor versión de mí misma

– *madurez*

estar aquí
en lo que necesita hacerse hoy

– *así es como honras el mañana*

si el diablo no te
hubiera arrinconado
y obligado a partirle el cuello
cómo habrías descubierto
que eras así de fuerte

hay milagros dentro de mí
que están esperando su turno para suceder
nunca me voy a dar por vencida

no perteneces al futuro ni al pasado

– perteneces a este momento

haz ruido
di lo que necesites decir
sienta bien recuperar tu vida

el modo en que nos levantamos
de cada tristeza de la vida
es lo más maravilloso que he visto nunca

eres un alma. un mundo. una entrada. un espíritu. nunca estás sola. eres órganos y sangre y carne y músculo. una colonia de milagros que se saludan entre sí.

derriba
cada puerta que construyeron
para dejarte fuera
y entra con toda tu gente

– tormenta

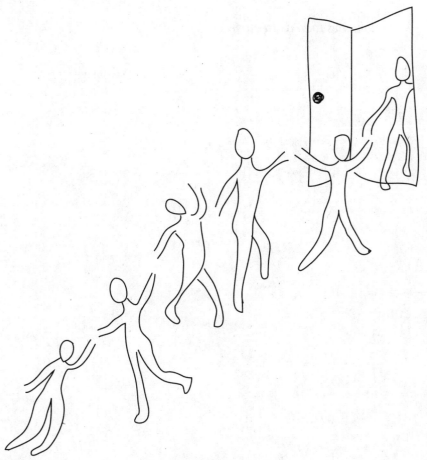

no estás sola
estar sola sería
que tu corazón dejara de latir
y tus pulmones dejaran de tirar
y tu aliento dejara de empujar
cómo vas a estar sola si
dentro de ti vive una comunidad entera

– lo tienes todo de tu parte

nunca volveré a tener
esta versión de mí
deja que me relaje
y esté con ella

– *evolucionando siempre*

tu belleza es innegable
pero todo lo sagrado y antiguo que hay en ti
es aún más increíble

estoy despertando a la diosa que hay en mí

nada sabe mejor que
estar de tu propio lado

no me da miedo equivocarme
me da miedo que mi potencial
pueda incendiar el mundo

189

hay días
en los que la luz parpadea
y entonces recuerdo
yo soy la luz
voy hacia dentro y
me vuelvo a encender

– *potencia*

sólo has arañado la superficie
de lo que eres capaz
hay décadas
de victorias por delante de ti

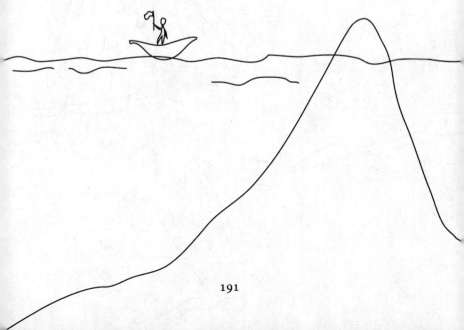

niña tonta
pequeño ángel
pequeño demonio
demasiado distraída como
para ser la trabajadora ideal
eres la madre
la hechicera
la dueña de tu vida

ahora que eres libre
y la única obligación que tienes
es la de seguir tus propios sueños
qué vas a hacer
con tu tiempo

poemas
ilustraciones
y cubierta de:

rupi kaur

otros libros de rupi kaur:

*otras maneras de usar la boca
el sol y sus flores*

índice